Género Ficción realista

I0794921

Pregunta esencial

¿Qué forma la identidad de una persona?

Salvemos a Gota de Nieve

Diana Noonan
ilustrado por Alfie Gallagher

Capítulo 1

Volar al rescate

—Cinco horas —se quejó Natalia exasperada con la idea de sentarse en el auto todo ese tiempo, era demasiado horrible incluso para contemplarlo.

El tío Santiago solo sonreía.

—Tú quisiste venir conmigo a este viaje —le recordó—. Mira las lindas montañas a través de la ventana.

Natalia suspiró porque las montañas eran interminables, junto a los campos y campos con pasto. ¿Cómo iba a hacer para estar varias horas sin hacer nada, solo mirando por la ventana?

—Quiero estar con mis primos —dijo—. Realmente quiero pasar un fin de semana en una granja, ¡pero *cinco horas*!

—Solo piensa en todos esos animales tiernos con los que estarás —dijo su tío—. ¿No vale la pena el viaje?

Natalia tuvo que admitir que estaba ansiosa por ayudar a los animales de la granja, en especial, porque sus primos le escribían correos electrónicos con frecuencia y le contaban las aventuras que tenían cabalgando. Natalia no tenía mascotas en su casa porque sus padres decían que no era justo tenerlas en un apartamento.

—Sabes, tío Santiago —dijo—, los únicos animales de granja que he tocado son los del zoológico de mascotas en Astonville.

Miró la fotografía del perro que tenía en su teléfono celular.

—¿Cuánto falta? —preguntó.

—Horas —contestó su tío—. Sabes, *podría* contarte un cuento que te entretendría mientras pasa el tiempo.

—¿Es bueno? —preguntó Natalia.

—Es un relato verdadero sobre un animal que cambió mi vida para siempre —dijo él—. ¿Te parece que es lo suficientemente entretenido?

Natalia asintió. Su tío era veterinario y sus historias de animales eran famosas en la familia.

—Era el primer fin de semana de las vacaciones de primavera —comenzó su tío a contar—. Tu mamá…

—Llámala Ángela —dijo Natalia—, porque en la historia ella realmente es tu hermana.

—Está bien —replicó el tío Santiago—. Ángela y yo estábamos en la escuela secundaria. Mamá y papá trabajaban y nosotros estábamos ansiosos por asistir a la clase de arte en la que mamá nos había inscrito. Entonces, una noche, sonó el teléfono y todos nuestros planes cambiaron.

El tío Santiago hizo una pausa. A Natalia le gustaba la forma en que siempre hacía eso cuando contaba historias, porque las hacía más emocionantes.

—Era la abuela —dijo finalmente—. El abuelo había tenido un accidente en el tractor, se había fracturado la pierna y la abuela estaba desesperada pues no había ayuda disponible y la primavera era la época del año en la que más trabajo había en la granja. Ella quería que todos voláramos rumbo al sur para ayudar, pero mamá y papá no lograron conseguir días libres en el trabajo.

—¿Qué sucedió entonces? —preguntó Natalia con mucha curiosidad.

—Nos enviaron a Ángela y a mí —contestó—. Éramos dos niños de la ciudad que nunca antes habían estado en una granja, pero, repentinamente tenían que ayudar allí durante dos semanas completas.

—¿Ustedes no habían ido a su granja antes? —preguntó Natalia.

El tío Santiago negó con la cabeza.

—Las raíces de nuestros abuelos estaban en la granja, pero nosotros siempre pasábamos las vacaciones con ellos en una casa en la playa, en la mitad del camino entre su casa y la nuestra. Por esta razón, la granja iba a ser una experiencia completamente nueva. El problema era que cuanto más nos contaban mamá y papá lo que debíamos esperar, menos queríamos ir.

—Y ¿fue así de terrible? —preguntó Natalia.

—¿Quieres decir que si fue terrible limpiar el gallinero? —dijo su tío—. ¿O estás preguntando por la limpieza del corral de los cerdos o por tener que levantarse a las seis, cada mañana, para engullir nuestro desayuno y luego comenzar las tareas?

Natalia se rio.

—Fue extremadamente espantoso —dijo su tío haciendo una mueca. No creíamos que las cosas pudieran empeorar pero, desafortunadamente, estábamos equivocados porque una mañana la abuela anunció que teníamos una nueva tarea: cuidar a Gota de Nieve.

Nuevamente hizo la pausa mientras que Natalia esperaba.

—Gota de Nieve era una ternera muy pequeña que había nacido durante la noche y su mamá la había rechazado. La abuela dijo que debíamos alimentarla con un biberón cada cuatro horas día y noche, porque ella no lo podía hacer, estaba trabajando todo el día en el tractor y en la noche se tenía que levantar para ayudar al abuelo a dar la vuelta en la cama.

—Entonces, ¿tú y mamá tuvieron que alimentar a Gota de Nieve? —preguntó Natalia.

El tío Santiago asintió.

—La alimentábamos de día y de noche, lo que habría estado bien si Gota de Nieve realmente hubiera querido comer, pero parecía como si ella hubiera decidido no querer vivir.

—Y, ¿sobrevivió? —preguntó Natalia.

—La pregunta que realmente deberías estar formulando es —dijo su tío—: ¿Cómo logramos sobrevivir Ángela y yo? En nuestras vidas ¡nunca habíamos estado tan cansados!

Capítulo 2
El día inicia bien

Natalia quería saber más, pero su tío se detuvo en una estación de gasolina.

Cuando el tío terminó de ponerle gasolina al auto, Natalia estaba desesperada por saber qué le había pasado a Gota de Nieve.

—Como te dije —continuó su tío— deberías estar preocupada por Ángela y por mí. Primero tuvimos que acostumbrarnos a tocar una ternera que su madre no había limpiado.

—Gota de Nieve no era blanca como la flor en la que pensó la abuela cuando la bautizó, o al menos, no al comienzo porque para empezar estaba cubierta de una suciedad que era como de huevo seco. Las otras terneras eran esponjosas porque sus madres las habían limpiado, pero Gota de Nieve no se veía bien. Sin embargo, debíamos alimentarla y simplemente lo hicimos.

—¿Qué implicaba exactamente? —preguntó Natalia.

—Dos veces al día, en la mañana y en la noche, debíamos mezclar esta pegajosa leche en polvo en dos baldes grandes, pero nunca se disolvía adecuadamente y, cuando terminábamos de mezclarla, estábamos cubiertos con esa cosa. Como nunca teníamos tiempo de cambiarnos de ropa, porque estábamos ocupados con todas nuestras otras tareas, la leche se secaba en nuestra ropa y olía terrible.

—¡Puaj! —dijo Natalia arrugando la nariz—. Eso suena asqueroso.

—Era necesario que los dos alimentáramos a Gota de Nieve porque ella ni siquiera levantaba la cabeza. Cuando poníamos el biberón dentro de su boca, la leche se escurría por su barbilla porque no chupaba —continuó su tío—. No podíamos obligarla a que se lo tragara porque se atoraba, entonces teníamos que tener paciencia y dejar que se escurriera lentamente a lo largo de su boca. Nos tomaba una hora alimentarla.

—Suena horrible —dijo Natalia.

—La primera noche de alimentación fue de hecho muy divertida —dijo el tío Santiago—. La abuela nos puso dos alarmas, una sonaba a media noche y la otra a las cuatro de la mañana. Nos pusimos abrigos sobre el pijama para salir, alumbrando con nuestras linternas alrededor de la bruma que había subido del río. Dejó de ser divertido cuando, además de nuestras tareas, tuvimos que hacerlo nuevamente a la mañana siguiente y luego hacerlo todo otra vez la siguiente noche.

—Estoy bostezando solo de pensar en ello —dijo Natalia.

—Nosotros bostezábamos sin parar —dijo su tío— y por esa razón decidí trasladarme al establo a dormir en vez de tener que salir de la cama a alimentar a Gota de Nieve. Para ese entonces, ya la habíamos limpiado y estaba lo suficientemente esponjosa como para dormir cerca de ella. Así nos manteníamos calientes el uno al otro.

Detective del lenguaje — **Las palabras subrayadas son una locución preposicional. Busca dos locuciones preposicionales más en esta página.**

—Parece como si te hubieras encariñado mucho con ella —dijo Natalia.

—Bueno, eso es lo extraño. Finalmente, empecé a quererla bastante.

Se detuvo, pero no para hacer la pausa que hacía que sus historias fueran más emocionantes. Natalia dedujo que él estaba pensando profundamente en algo.

—Yo quería a Gota de Nieve de un modo diferente a como la abuela quería a los animales de la granja. Los animales siempre fueron parte de la granja y ella los cuidaba porque era buena con todos sus animales, pero también porque así era como se ganaba el sustento, al criarlos y luego venderlos. A mí me gustaba Gota de Nieve porque ella dependía de mí y confiaba en que yo la iba a cuidar.

—¿Quieres decir que estableciste un lazo afectivo con ella? —le preguntó Natalia.

—Sí. Gota de Nieve y yo establecimos un vínculo —replicó pensativo el tío Santiago—. Esa es una buena manera para describir lo que fue.

Natalia exhaló el aire que había estado conteniendo; esta era una buena historia.

—Lo raro es que —dijo su tío— yo no me había dado cuenta de lo unidos que estábamos hasta la noche de la gran tormenta.

Detective del lenguaje

Busca dos preposiciones en esta página.

Capítulo 3

Una segunda oportunidad

—En ese momento las predicciones del tiempo no eran tan precisas como lo son hoy en día —continuó Santiago—. Así que la primera advertencia de que había una gran tormenta en camino sucedió cuando el viento ya estaba soplando con mucha fuerza. La abuela dijo que no había visto un viento tan feroz en muchos años y que debíamos asegurar todo, incluso que los animales estuvieran seguros dentro del establo.

—El abuelo estaba realmente preocupado, pero tenía su pierna enyesada, entonces lo único que podía hacer era aconsejarnos. Mientras la abuela salió a amarrar las cosas, el abuelo nos envió a Ángela y a mí a llevar las cabras al establo y a encerrar las gallinas. Dentro del establo las vacas se estaban poniendo muy nerviosas, porque su instinto les decía lo severa que iba a ser la tormenta —explicaba Santiago detallando cada evento.

—Con todo el afán se me había olvidado que había dejado abierto el corral de Gota de Nieve para que pudiera deambular afuera en el jardín.

—¿Ya podía caminar para ese entonces? —preguntó Natalia.

—Ah, claro. En unos pocos días se había vuelto realmente fuerte y vigorosa, de hecho, tan pronto empecé a dormir en el establo ella se tomaba un delicioso biberón de leche en unos pocos minutos.

—Entonces ¿ella *estaba* afuera en el jardín?

—No, no estaba porque el viento había abierto la puerta hacia el jardín y Gota de Nieve había desaparecido. Había empezado a llover y no era una lluvia común y corriente eran gotas gigantes que caían a cántaros.

—Entonces ¿fuiste a buscarla? —preguntó Natalia.

—Claro que lo hicimos —contestó el tío—. Al menos la abuela y yo lo hicimos mientras Ángela se quedaba con el abuelo porque la tormenta ya se había convertido en un monstruo. A la abuela le preocupaba que a Ángela la pudiera arrastrar el viento si salía.

—¿Encontraron a Gota de Nieve? —preguntó Natalia con ansiedad.

—Sí, pero nos tomó mucho tiempo, cerca de una hora. Cuando la encontramos estaba acurrucada detrás de unos arbustos y se veía demasiado débil para caminar. La pobre Gota de Nieve tenía: frío, miedo, estaba perdida y empapada, y sufría de hipotermia.

Detective del lenguaje

¿Qué función tienen los dos puntos en el texto subrayado?

—No sabíamos cómo íbamos a hacer para regresarla al establo —continuó el tío de Natalia—. La abuela no creía que pudiera alzarla y dijo que era demasiado peligroso conducir el tractor a través del campo.

—¿Qué hicieron? —preguntó Natalia preocupada.

—Bueno, miré a Gota de Nieve y ahí mismo supe que por ningún motivo la iba a dejar donde estaba. No sé de dónde saqué las fuerzas, pero logré levantarla, con la ayuda de la abuela; luego la pusimos sobre mis hombros y yo tambaleé por el campo con ella.

El tío Santiago suspiró.

—Fue efectivamente engorroso, el suelo estaba empapado y mis botas se enterraban mientras el viento se volvía más y más salvaje. Una o dos veces casi me tumba. Aunque la abuela estaba caminando enfrente para bloquear parte de la fuerza del viento, nos tomó mucho tiempo regresar a la casa.

—Y ¿Gota de Nieve estaba bien? —preguntó Natalia con ansiedad.

—Estaba congelada hasta los huesos. Dije que me acostaría a su lado en el establo para calentarla, pero la abuela y el abuelo insistieron que era demasiado peligroso estar afuera de la casa pues temían que el techo del establo saliera volando.

—Entonces, esa noche, Gota de Nieve durmió dentro de la casa, frente a la chimenea. Yo dormí a su lado y recuerdo haberme levantado alrededor de las cuatro de la mañana y oírla resoplar por su biberón. Cuando lo tuve listo se lo tomó en unos pocos tragos y oírla tomar el biberón fue el mejor sonido que había escuchado.

Natalia estaba aliviada de que Gota de Nieve hubiera sobrevivido.

—Después de eso, el resto del tiempo que permanecimos en la granja se pasó muy rápido y, cuando se llegó el momento de partir, Gota de Nieve estaba saltando por el jardín como todas las otras terneras. Sin embargo, no había perdido su individualidad todavía, era la más tierna de todas las terneras, me reconocía y se acercaba a tomar su biberón cuando la llamaban.

—La mejor parte fue que cuando creció, la abuela y el abuelo no la vendieron como a todas las otras terneras, sino que la mantuvieron en la granja para que tuviera sus propios terneros y, cada vez que yo iba, pudiera verla.

—¿Regresaste a la granja?

—¡Claro que sí! En las vacaciones de primavera siempre estaba allá. No me lo hubiera perdido por nada del mundo. Sin embargo, tu mamá no iba porque no le gustaba la granja.

—Pero a ella le gustan los animales —dijo Natalia—. Por eso es la recepcionista del centro de bienestar animal.

—Supongo que llevamos el amor por los animales en nuestra sangre —dijo su tío.

—Entonces ¿fue Gota de Nieve el animal que cambió tu vida para siempre? —preguntó Natalia.

—Definitivamente lo fue —respondió y sonrió pensativo.

—Cuando me inscribí a la universidad decidí ser veterinario y *sé* que fue debido a mi experiencia cuidando a Gota de Nieve. Esas dos semanas en la granja de mis abuelos me enseñaron que no solo era bueno para cuidar animales como lo era la abuela, sino que también formaba un vínculo afectivo y especial con ellos. Todavía es así, cada vez que un animal necesita mi ayuda no solo *lo cuido,* sino que *me* importa.

—Tal vez yo también tenga una experiencia que cambie mi vida cuando esté en la granja —dijo Natalia emocionada.

—Tal vez tengas que limpiar los corrales de los cerdos —se rio su tío— o debas esparcir estiércol en el jardín.

—Eso nunca cambiaría mi vida para siempre —dijo Natalia.

—Nunca se sabe —dijo su tío con una sonrisa—. Realmente nunca se sabe.

Respuesta a la lectura

Resumir

Usa los detalles importantes de *Salvemos a Gota de Nieve* para resumir el cuento. Puedes usar el organizador gráfico como ayuda.

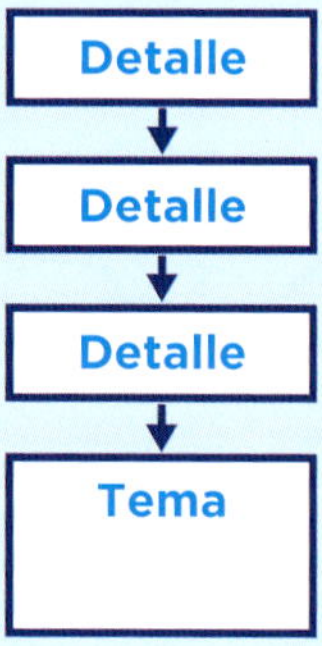

Evidencia en el texto

1. ¿Qué características del cuento te indican que es ficción realista? **GÉNERO**

2. ¿Por qué Santiago decide convertirse en veterinario? **TEMA**

3. En la página 10, el tío de Natalia dice "la tormenta ya se había convertido en un monstruo". ¿Qué significa esta metáfora? **METÁFORAS**

4. Escribe sobre los elementos que forman la identidad de Natalia. Usa detalles del cuento en tu respuesta. **ESCRIBIR SOBRE LA LECTURA**

Género Poesía

Compara los textos

Lee el siguiente poema que habla de la búsqueda de nuestra identidad.

El más pequeño

Vicente Aleixandre (poeta español)

Es el más pequeño de todos, el último.
Pero no le digáis nada; dejadle que juegue.
Es más chico que los demás, y es un niño callado.
Al balón apenas si puede darle con su bota pequeña
Juega un rato y pronto le olvidan.

Todos pasan gritando, sofocados, enormes,
y casi nunca le ven. Él golpea una vez,
y después de mucho rato otra vez,
y los otros se afanan, brincan, lucen, vocean.
La masa inmensa de los muchachos, agolpada, rojiza.

Y, pálidamente, el niño chico los mira
y mete diminuto su pie pequeño,
y al balón no lo toca.
Y se retira. Y los ve. Son jadeantes,
son desprendidos quizá de arriba, de una montaña,
son quizá un montón de roqueados que llegó ruidosísimo
de allá, de la cumbre.

Y desde el quieto valle, desde el margen del río,
el niño chico no los contempla.
Ve la montaña lejana. Los picachos, el cántico de los vientos.
Y cierra los ojos, y oye
el enorme resonar de sus propios pasos gigantes por las rocas bravías.

Haz conexiones

¿Cómo el poeta plantea la búsqueda de identidad en el poema “El más pequeño”? **PREGUNTA ESENCIAL**

Explica con tus palabras cómo el niño del poema “El más pequeño” y Natalia de *Salvemos a Gota de Nieve* forman su identidad. **EL TEXTO Y OTROS TEXTOS**

Enfoque:

Elementos literarios

Aliteración Con frecuencia las personas piensan que la aliteración es el opuesto de la rima. Las palabras que riman tienen el mismo sonido final, pero las palabras aliterativas tienen el mismo sonido inicial. La aliteración no es solo para la poesía. Los autores usan aliteración como ayuda para que fluyan las palabras en los cuentos. También es divertido usar aliteración en el diálogo cuando los personajes son graciosos o juguetones.

Lee y descubre En la página 5, Santiago describe sus experiencias en la granja como "extremadamente espantosas". La autora podría haber escrito que la experiencia fue "muy terrible" pero al usar las palabras *extremadamente espantosa* las conecta mediante la aliteración. En la página 13, el tío de Natalia dice que llevar la ternera en sus hombros fue algo "efectivamente engorroso". La autora pudo haber dicho que fue realmente difícil, pero la palabra *efectivamente* se conecta con *engorroso* y suena agradable para el lector.

Tu turno

Sé creativo y escribe el menú de un pícnic usando aliteración. Puedes llevar, por ejemplo, "pollo con pellejo" o "papas picantes". Cuéntale a tus compañeros qué menú diseñaste y escribe un cuento aliterativo corto, sobre una familia o un grupo de amigos que se van juntos de pícnic.